Erich Fried

Gedichte

Herausgegeben von
Alexander von Bormann

Philipp Reclam jun. Stuttgart

Umschlagabbildung: Erich Fried
Foto von Isolde Ohlbaum, München

Universal-Bibliothek Nr. 8863

Gesamtherstellung: Reclam, Ditzingen. Printed in Germany 2000

ISBN 3-15-008863-1

Inhalt

Freiheit herrscht nicht

Aphoristische, epigrammatische, lakonische Gedichte

Der Augenblick des Opfers

Politische Gedichte

Sehnsucht nach Worten
Gedichte über Gedichte

Vorübungen für ein Wunder
Liebesgedichte

Am Rande des Lebens
Gedichte über Alter und Vergänglichkeit

Der Überlebende

Gedichte nach Auschwitz

Der Überlebende

nach Auschwitz

Wünscht mir nicht Glück
zu diesem Glück
daß ich lebe

Was ist Leben
nach soviel Tod?
Warum trägt es
die Schuld der Unschuld?
die Gegenschuld
die wiegt
so schwer
wie die Schuld der Töter
wie ihre Blutschuld
die entschuldigte
abgewälzte

Wie oft
muß ich sterben
dafür
daß ich dort
nicht gestorben bin?

Begräbnis meines Vaters

Am Judenfriedhof ist viel Land umbrochen
und Sarg um Sarg kommt, und die Sonne scheint.
Der Pfleger sagt: So geht es schon seit Wochen.
Ein Kind hascht Falter, und ein Alter weint.

Dumpf fällt der Vater in die Erde,
ich werfe Lehm nach, feucht und kalt.
Der Kantor singt. Es wiehern schwarze Pferde.
Es riecht nach Sommeraufenthalt.

Die mir die Gärten meiner Stadt versagen,
die Bank im staubigen Grün am Kai,
sie haben mir den Vater totgeschlagen,
daß ich ins Freie komm und Frühling seh.

Alter Schulweg

Auf dieser Straße
wo sie laut drohten
Jahre bevor sie kamen
WARTE NUR
habe ich nicht gewartet

Auf dieser Straße
droht das Vergangene lautlos
Jahre nachdem es verging
WARTE NUR
und ich warte

Heimkehr

Der Wald
   Ein baumlanger Mensch
voll Harzgeruch
Harz
das tropft in die Kannen
   in der Wach-Stube
   voll
   von verrauchtem
   Schweiß
   und saurem Tabak
die Wipfel hoch
an der Sonne
   beugt sich nieder
   zu mir
   und grinst

Heimatwald
Wald meiner Kindheit
   Ganz recht so
   Kleiner!
so bin ich wiedergekommen
in diese Berge
   so ist dein Vater hin
   ein Jud weniger
   nicht wahr?
Nach all den Jahren
der Harzgeruch
wie er war
   Ich schweige und gehe
Ich gehe und schweige
nach all den Jahren

Wiederholung

Sie sagen noch immer: »schon wieder«
Sie sagen es bis ich verwirrt bin
Schon wieder noch immer schon wieder
Sie sagen schon immer noch wieder
bis ich sage: »Schon wieder noch immer
schon immer noch wieder«

Sie wiederholen noch immer
Sie sagen es bis ich es sage
Sie wiederholen es
Sie wiederholen es bis ich schreie:
»Sie holen sie holen mich wieder«
Sie wiederholen es immer
so lang bis ich nur wiederhole:
»Sie holen mich wieder
Sie holen mich immer wieder
in ihren nie wieder
noch immer schon wieder Krieg«

Sie wiederholen es heute
und morgen und nächstens
Sie lieben die Wiederholung
Sie holen mich nächtens
in ihren nächsten
in ihren lieben
in ihren immer nächstenliebenden
Krieg

Leben oder Leben?

Irgendwo
lebt es noch
bis es stirbt
und atmet tief aus und ein
und liebt und spielt und sieht Farben
und arbeitet und ruht aus
und ist traurig und lustig und altert
Irgendwo
lebt es noch
bis es stirbt

Aber hier
in mir
ist soviel
Haß gegen das Sterben
gegen das Sterben
meiner Großmutter und meines Vaters
unter den Händen der Mörder
von gestern
die noch nicht tot sind
und gegen mein Sterben
und gegen
das Sterben meiner Kinder
unter den Händen der Mörder
von morgen
die heute schon leben
daß ich nur gegen dieses Sterben
kämpfe
und nur dieses Sterben
fühle und denke

und daß ich gar nicht mehr lebe
wie irgendwo noch das
was lebt
bis es stirbt

Wo lernen wir leben?

Gedichte als Zuspruch

Wo lernen wir?

Wo lernen wir leben
und wo lernen wir lernen
und wo vergessen
um nicht nur Erlerntes zu leben?

Wo lernen wir klug genug sein
die Fragen zu meiden
die unsere Liebe nicht einträchtig machen
und wo
lernen wir ehrlich genug sein
trotz unserer Liebe
und unserer Liebe zuliebe
die Fragen *nicht* zu meiden?

Wo lernen wir
uns gegen die Wirklichkeit wehren
die uns um unsere Freiheit
betrügen will
und wo lernen wir träumen
und wach sein für unsere Träume
damit etwas von ihnen
unsere Wirklichkeit wird?

Kleines Beispiel

Auch ungelebtes Leben
geht zu Ende
zwar vielleicht langsamer
wie eine Batterie
in einer Taschenlampe
die keiner benutzt

Aber das hilft nicht viel:
Wenn man
(sagen wir einmal)
diese Taschenlampe
nach so- und sovielen Jahren
anknipsen will
kommt kein Atemzug Licht mehr heraus
und wenn du sie aufmachst
findest du nur deine Knochen
und falls du Pech hast
auch diese
schon ganz zerfressen

Da hättest du
genau so gut
leuchten können

Die Warner

Wenn Leute dir sagen:
»Kümmere dich nicht
soviel
um dich selbst«
dann sieh dir
die Leute an
die dir das sagen:
An ihnen kannst du erkennen
wie das ist
wenn einer
sich nicht genug
um sich selbst
gekümmert hat

Deckung

Er versteckte sich hinter seinen Fragen
vor seinen Fragen

Er versteckte sich hinter seiner Antwort
vor seiner Antwort

Er versteckte sich hinter seinem Schweigen
vor seinem Schweigen

Er versteckte sich hinter seiner Kritik
vor seiner Kritik

Er versteckte sich hinter seiner Einsicht
vor seiner Einsicht

Er versteckte sich hinter seiner Entscheidung
vor seiner Entscheidung

Er versteckte sich hinter seinem Versagen
vor seinem Versagen

Er versteckte sich hinter seinen Taten
vor seinen Taten

Er versteckte sich hinter seinen Genossen
vor seinen Genossen

Die Gleichungen

Ich verlerne
was ich gelernt habe
in der Schule

Zukunft
durch Angst
ist Vergessen

Leben
durch Angst
ist Irrsinn

Vergessen
durch Irrsinn
ist Krieg

Ich weiß noch
das heißt dann
Angst mal Irrsinn ist Leben

Ich weiß auch noch
das heißt
Angst mal Vergessen ist Zukunft

Aber ich weiß nicht
was für eine Zukunft
das ist

Und was ist Angst
mal Angst?
Und was ist dann Friede?

Wir haben als Kinder
doch rechnen gelernt
Wozu?

Wohin?

Zur Liebe
Aber die Liebe
führt zum Grübeln

Zum Grübeln?
Aber das Grübeln
führt zur Trauer

Zur Trauer?
Aber die Trauer
führt zum Mitleid

Zum Mitleid?
Aber das Mitleid
führt zur Verzweiflung

Zur Verzweiflung?
Aber Verzweiflung
führt zu den Fragen

Zu den Fragen?
Aber die Fragen
führen zu Antworten

Zu Antworten?
Aber die Antworten
führen zur Auflehnung

Zur Auflehnung?
Aber die Auflehnung
führt zum Tod

Also zum Tod?
Aber ohne die Auflehnung
ohne das Mitleid
ohne die Liebe
was wäre das Leben?

Die Nichtnure

Nicht nur die Zeitungen
nicht nur die Stimmen aus Galle
und Angst
und nicht nur
der Wettlauf mit der Post
die Rechnungen bringt
Nachrichten
traurige Briefe

Nicht nur die Abwehr
der täglichen Gemeinheit
nicht nur die Sorge
und nicht nur die Trauer
und nicht nur das Mitleid
nicht nur die notgetaufte Hoffnung
und der geschlachtete Glaube
an eine bessere Welt

Erst auf der anderen Seite der Nure
beginnt das Leben
Dort geht die Liebe
durch wirkliche Jahreszeiten
dort werden die Farben bunt
und die Geräusche
beinahe verständlich
und man kann Atem holen
und alles
spüren und fühlen

Aber ich bin erschöpft
von den Zeitungen
und von den Stimmen
und von dem Wettlauf mit diesen
Nuren
in denen mein eines
Leben vergeht
ohne dich

Fast alles

Ich habe meine Lehrzeit
hinter mir
Ich lernte hören und sehen:
Fast alle Menschen taten
fast allen Menschen
fast alles

Und fast alle Menschen
denen fast alles angetan wurde
sagten dann
mit fast versagender Stimme:
»Der Tag wird kommen

Der Tag an dem wir fast allen
fast alles antun werden
was sie uns angetan haben«
Ich hörte sie das selbst sagen
fast wörtlich

Und solange das
fast alles ist was sie wollen
oder fast alles
was sie wissen von dem was sie wollen
wird dieser Tag
von dem sie fast alle fast träumen
immer wieder nur fast kommen
nie ganz wirklich

Wirklich
das habe ich gelernt
und möchte fast sagen
so gelernt
daß mir Hören und Sehen verging
Ich habe jetzt meine Lehrzeit
fast hinter mir

Erhaltung der Materie

Jeden Morgen
werde ich einbalsamiert

Der Mund wird ausgespült
mit scharfen Essenzen

Die Träume werden vergessen
die Haare gekämmt

die Zähne geputzt
die Augen weiter geöffnet

Im Spiegel vor dem Rasieren
wird tief geatmet

Nach dem Rasieren
wird die Gesichtshaut verjüngt

mit Spiritus
und das Haar mit einem Zerstäuber

Mut wird gefaßt
etwas Warmes kommt in den Magen

Dann zerfalle ich weiter
dem nächsten Morgen entgegen

Um Schönheit

für Andrew Hood

Schönheit?
Nicht machtlos
aber in mancher Gestalt
nur den Augen der Machtlosen aufblinkend flüchtig
nur am entfernteren Rand des ungelebten Lebens
(des lange noch nicht und am Ende nicht mehr gelebten)
sie ist dann wenig mehr
als Maske des Todes

So leuchtet eine Frau auf oder ein Mädchen
vor den Augen des Knaben der viel zu jung scheint für
Glück
aber vielleicht nur weil er
noch nicht wagt wirklich zu leben

Grauer um jede nicht aufgebrochene Stunde
wird unsere Zeit
unfreier unsere Welt
in Wirklichkeit nie mehr unser
wenn wir uns nicht losreißen lernen
(nicht von allem
aber von mehr
als die Ratgeber raten)
wenn wir nicht endlich offen zu tun beginnen
was wir geträumt haben vor dem bleiernen Tag

Gewiß:
Die uns warnen vor der Gefahr
sind erfahren
aber oft nur erfahren im Sich-Beugen
Keine Todesgefahr kann so groß sein
wie die Lebensgefahr
zu versäumen
gelähmt vom eigenen Zögern
die einzige Zeit

Freiheit herrscht nicht

Aphoristische, epigrammatische, lakonische Gedichte

Zusätzliche Bedingung

Wichtig
ist nicht nur
daß ein Mensch
das Richtige
denkt

sondern auch
daß der
der das Richtige
denkt
ein Mensch ist

Abhärtung

Kann der Kulturschock
bei Begegnung
mit fremden
Kulturen

den Schock verringern
den mir
meine eigene
bringt?

Herrschaftsfreiheit

Zu sagen
»Hier
herrscht Freiheit«
ist immer
ein Irrtum
oder auch
eine Lüge:

Freiheit
herrscht nicht

Befreiung von den großen Vorbildern

Kein Geringerer
als Leonardo da Vinci
lehrt uns
»Wer immer nur Autoritäten zitiert
macht zwar von seinem Gedächtnis Gebrauch
doch nicht
von seinem Verstand«

Prägt euch das endlich ein:
Mit Leonardo
los von den Autoritäten!

Die Zeit der Steine

Die Zeit der Pflanzen
dann kam die Zeit der Tiere
dann kam die Zeit der Menschen
nun kommt die Zeit der Steine

Wer die Steine reden hört
weiß
es werden nur Steine bleiben

Wer die Menschen reden hört
weiß
es werden nur Steine bleiben

Rückwärtsgewandte Utopie

Angeklagt
der Unmenschlichkeit
behauptet
der Nichtmehrmensch
immer noch
erst
ein Nochnichtmensch
zu sein

Friedensbereitschaft

Wenn die Friedensliebe
der einen
mit voller Wucht
auf die Friedensliebe
der andern stößt
gibt es Krieg

Humorlos

Die Jungen
werfen
zum Spaß
mit Steinen
nach Fröschen

Die Frösche
sterben
im Ernst

Eigentlich keine Art

Eigenartig
wie das Wort eigenartig
es fast als fremdartig hinstellt
eine eigene Art zu haben

Kein Unterschlupf

Nicht sich verstecken
vor den Dingen
der Zeit
in die Liebe

Aber auch nicht
vor der Liebe
in die Dinge
der Zeit

Status quo

zur Zeit des Wettrüstens

Wer will
daß die Welt
so bleibt
wie sie ist
der will nicht
daß sie bleibt

Angst und Zweifel

Zweifle nicht
an dem
der dir sagt
er hat Angst

aber hab Angst
vor dem
der dir sagt
er kennt keinen Zweifel

Der Augenblick des Opfers

Er ist opferbereit
er steht
zu seinem Opfer

Er versteht
die Notwendigkeit
seines Opfers

Er entschließt sich
nicht mehr zu warten
mit seinem Opfer

Er überwindet die Schwäche
die ihn abhält
von seinem Opfer

Sein Opfer
reißt sich los
und läuft schreiend davon

Die Freiheit den Mund aufzumachen

Die Freiheit den Mund aufzumachen
besteht auch dort
wo andere schreien:
Denen wird der Mund zugemacht!

Im Gegenteil
Man muß nur eine Liste anlegen
was alles herauskommt
aus Mündern die angeblich zu sind

Erstens Schreie
zweitens am Anfang und
ganz am Ende
vielleicht sogar noch Proteste

Drittens Zähne
und viertens Blut und fünftens
Erbrochenes
und sechstens in vielen Fällen

Flüssigkeiten
die vorher eingeflößt wurden
durch Schläuche oder
durch Untertauchen des Kopfes

Man darf das nicht einseitig sehen
denn die Freiheit den Mund aufzumachen
ist gleiches Recht für alle
zum Beispiel auch für die Behörden

den verbissenen Mund
des Gefangenen aufzumachen
Was kommt dann hinein?
Viel Wasser oder viel Öl

oder Stiefelabsätze
oder Kot und blutige Lappen
oder Urin
oder Sägemehl oder Erde

und herauskommt dabei
wenn es gut geht
das freiwillige
Geständnis

Der Mund wird manchmal verletzt
nie die Freiheit den Mund aufzumachen
sie herrscht immer noch – so oder so –
in allen unseren Ländern

Der Freiwillige

> Dô bedûhte mich zehant
> wie mir dienten elliu lant,
> wie mîn sêle waere
> ze himel âne swaere
> *Walther von der Vogelweide*

Als ich tot lag unter dem Baum
wars als träumte ich einen Traum
Als ich träumte daß ich nur träumte
wars als ob ich mein Leben versäumte
Als ich das Leben rief um mich zu wehren
wars wie ein Weinstock voll giftiger Beeren
Als das Gift zu wirken begann
wars als hörte ich Reden an
Als ich die Reden hörte von Pflicht
wars wie ein Buch das man liest ohne Licht
Als ich im Buch las von Freiheit und Helden
wars als müßte ich gehn und mich melden

Als sie die Meldung entgegennahmen
wars als wüßten sie schon meinen Namen
Als ich den Namen unterschrieben
wars als wär das Blatt leergeblieben
Als ich sie fragte warum bleibt es leer
wars als hörte mich keiner mehr
Als ich fragte ob keiner mich hört
wars als hätt ich sie alle gestört
Als ich sagte ich wollte nicht stören
wars als wären sie Räder und Röhren
Als die Räder und Röhren begannen zu kreisen
wars als wäre die Welt aus Eisen

Als das Eisen begann zu klirren
wars wie ein Bienensummen und Schwirren
Als ich mich schützen wollt vor den Bienen
wars als wär ich umringt von Maschinen
Als die Maschine sich hob in die Luft
wars als wärs eine fliegende Gruft
Als die Gruft sich aufgetan
stand ich im Lande Kanaan

Als ich in Kanaan stand wie ein Ritter
wars als murrten die Kanaaniter
Als ich ihr Murren begann zu verstehen
wars als müßt alles in Flammen stehen
Als mich die Flammen begannen zu brennen
wars als müßt ich den Brandstifter kennen
Als ich ihn sah und kannte im Spiegel
wars als zerbrächen die Sieben Siegel
Als ich spürte sie waren zerbrochen
wars als klirrte mir Eis in den Knochen
Als das Eis zu schmelzen begann
wars als fing ich zu sehen an

Als ich anfing alles zu sehen
wars als wäre ein Mord geschehen
Als ich zu suchen begann nach dem Täter
wars als ob Schulfreunde riefen »Verräter«
Als ich fragte wen habt ihr gerufen
wars als stießen sie mich über Stufen
Als ich kniete und fragte sie wieder
wars als hörte ich »Schießt ihn nieder«
Als ich dachte ich höre nicht gut
wars als wäre ich rot von Blut
Als ich das Blut nicht konnte stillen

wars als schrieb ich den letzten Willen
Als ich merkte ich kann nicht mehr schreiben
wars als würde kein Wille mir bleiben
Als ich sah daß mein Wille gut war
wußte ich warum ich voll Blut war

Einbürgerung

Weiße Hände
rotes Haar
blaue Augen

Weiße Steine
rotes Blut
blaue Lippen

Weiße Knochen
roter Sand
blauer Himmel

Artfremd

Nach dem Regen
fielen vom Himmel
die Hände
klatschten aufs Pflaster
und spreizten gebrochene Finger

Unsere Füße kommen
und treten auf sie
und weichen nicht aus
denn es sind Hände
nicht Füße

Im Frieden

»Schwere Zeiten«
sagte das Blei zum Studenten

»Wie sich's trifft«
sagte das Blut zum Stein

»Ohne Sorge«
sagte die Ruhe zur Ordnung

»In Gottes Namen«
sagen die Träger zum Sarg

Verschlechterung

Der singen wollte
will nur noch sprechen
Der sprechen wollte
will nur noch klagen
Der klagen wollte
will nur noch weinen
Der weinen wollte
will nur noch schlafen
Der schlafen wollte
will nur noch sterben
Der sterben wollte
will nur noch
einen von Denen
mitnehmen

Aus der Weisheit der Schlächter

Anleitung zur Milde

Man sagt nicht: »Wir wollen sie schlachten«
Das macht keinen guten Eindruck
Es genügt zu bedauern:
»Man kann nicht mit ihnen verhandeln«

Auch: »Sie sind keine Menschen«
klingt veraltet und ist gar nicht nötig.
Viel besser wirkt:
»Sie sind nicht so wie ich und du«

Nicht Tod und Untergang schwören
nur kopfschüttelnd achselzucken:
»Sie verstehen nur *eine* Sprache« –
Das Schlachten folgt dann von selbst

Fragen in Israel

In einer ungerechten Welt
gerecht sein
ist schwer
wenn man sein will.
Rabbi Hillel hat schon gefragt
vor 2000 Jahren:
»Wenn nicht ich für mich bin
wer denn ist für mich?«

Aber nur noch selbstgerecht sein
weil andere ungerecht waren
(und das waren nicht die
gegen die man jetzt selbstsüchtig ist)?
Rabbi Hillel hat schon gefragt
vor 2000 Jahren:
»Doch wenn ich *nur* für mich bin
was bin ich?«

Heute fragen das Viele in Israel:
»Wenn wir nicht auch für die Palästinenser sind
was sind wir?
Welcher Feinde verspätetes Spiegelbild
sind wir dann?«
Aber andere sagen: »Das ist Zukunftsmusik
Nichts für heute«

Rabbi Hillel hat schon gefragt
vor 2000 Jahren:
»Und wenn nicht jetzt
Wann?«

Die Maßnahmen

Die Faulen werden geschlachtet
die Welt wird fleißig

Die Häßlichen werden geschlachtet
die Welt wird schön

Die Narren werden geschlachtet
die Welt wird weise

Die Kranken werden geschlachtet
die Welt wird gesund

Die Traurigen werden geschlachtet
die Welt wird lustig

Die Alten werden geschlachtet
die Welt wird jung

Die Feinde werden geschlachtet
die Welt wird freundlich

Die Bösen werden geschlachtet
die Welt wird gut

Du liebe Zeit

Da habe ich einen gehört
wie er seufzte: »Du liebe Zeit!«

Was heißt da »Du liebe Zeit«?
»Du unliebe Zeit«, muß es heißen

»Du ungeliebte Zeit!«
von dieser Unzeit, in der wir

leben müssen. Und doch
Sie ist unsere einzige Zeit

Unsere Lebenszeit
Und wenn wir das Leben lieben

können wir nicht ganz lieblos
gegen diese unsere Zeit sein

Wir müssen sie ja nicht genau so
lassen, wie sie uns traf

Neue Naturdichtung

Er weiß daß es eintönig wäre
nur immer Gedichte zu machen
über die Widersprüche dieser Gesellschaft
und daß er lieber über die Tannen am Morgen
schreiben sollte
Daher fällt ihm bald ein Gedicht ein
über den nötigen Themenwechsel und über
seinen Vorsatz
von den Tannen am Morgen zu schreiben

Aber sogar wenn er wirklich früh genug aufsteht
und sich hinausfahren läßt zu den Tannen am Morgen
ällt ihm dann etwas ein zu ihrem Anblick und Duft?
Oder ertappt er sich auf der Fahrt bei dem Einfall:
Wenn wir hinauskommen
ind sie vielleicht schon gefällt
nd liegen astlos auf dem zerklüfteten Sandgrund
wischen Sägemehl Spänen und abgefallenen Nadeln
eil irgendein Spekulant den Boden gekauft hat

Das wäre zwar traurig
och der Harzgeruch wäre dann stärker
nd das Morgenlicht auf den gelben gesägten Stümpfen
äre dann heller weil keine Baumkrone mehr
er Sonne im Weg stünde. Das
äre ein neuer Eindruck
lbsterlebt und sicher mehr als genug
ir ein Gedicht
as diese Gesellschaft anklagt

. . . um Klarheit . . .

Denn nicht nachdenklich
in der Freude der Wahrheit sich biegend
herrlich als ein gerettetes Rettendes geht es hin
unser Jahrhundert
sondern zerbrochen ist es
im Atemanhalten der Angst
geborsten im Gurren und Girren
der Lügen
im grölenden Siegeskrächzen
der Hasse von da und dort

Aber am Steilrand der Hoffnungslosigkeit
jenseits der letzten Halme
in der enttäuschten Täuschungen nacktem Geröll
– selten zwar
wie im aufgebrochenen Stein eine offene Druse
reiner Kristalle –
lebt noch das Andere weiter
und kann leuchten
nun da es Abend wird
sogar durch Mauern und Gitter
vielleicht auch aus denen
die irren
verwirrt von der Zeit
die aber den Blick ins Weite
und ihren Hunger nach Schönheit
und ihre Liebe
nicht ganz von sich abgetan haben
und auch nicht vergessen im Taumel
die gute Sehnsucht

zu bejahen das Bejahende
auch als Gejagte
auch als Gefangene nicht

In den späteren Fassungen seines Gedichts »Patmos« hat Hölderlin an der Stelle, die lautete »Drum, da gehäuft sind rings / Die Gipfel der Zeit« die Worte »um Klarheit« eingesetzt, so daß es nun heißt: »Drum, da gehäuft sind rings, um Klarheit, / Die Gipfel der Zeit . . .«

Sehnsucht nach Worten

Gedichte über Gedichte

Gedichte lesen

Wer
von einem Gedicht
seine Rettung erwartet
der sollte lieber
lernen
Gedichte zu lesen

Wer
von einem Gedicht
keine Rettung erwartet
der sollte lieber
lernen
Gedichte zu lesen

Die mit der Sprache

Ich beneide die mit der großen Sprache
die reden von den Leuten
als ob es die Leute gäbe
sie reden vom Vaterland
als ob es ein Vaterland gäbe
und von Liebe und von Tapferkeit und von Feigheit
als gäbe es alle drei
Tapferkeit Feigheit Liebe
und sie reden vom Schicksal
als ob es ein Schicksal gäbe

Und ich bestaune die mit der scharfen Sprache
die reden von den Leuten
als ob es sie gar nicht gäbe
und vom Vaterland
als ob es kein Vaterland gäbe
und von Liebe und von Tapferkeit und von Feigheit
als wäre es klar
daß es das alles nicht gibt
und sie reden vom Schicksal
als ob es kein Schicksal gäbe

Und manchmal weiß ich nicht
wen ich beneide und wen ich bestaune
als gäbe es nur Staunen und keinen Neid
oder als gäbe es nur Neid und kein Staunen
als gäbe es nur Größe aber nicht Schärfe
oder als gäbe es nur Schärfe und keine Größe
und ich weiß dann nicht ob es
etwas gibt wie Reden und Wissen
oder wie Geben und mich
nur daß es so nicht geht

Lebensaufgabe

So hinter dem Unrecht herzujapsen
wie ich
kann einen mit tiefer
Befriedigung erfüllen

Wenn ich ihm nachhumple
kann ich sagen: »Es flieht vor mir!«
Wenn es kehrtmacht, rufe ich im Davonlaufen:
»Das sind nur seine Rückzugsgefechte!«

Dabei weiß ich doch ganz genau
ich hole es niemals ein
also wird es sich hoffentlich
auch nicht an mir vergreifen

Aber weil ich es wittern kann
und es ständig im Auge behalte
kann ich vielleicht auch vor ihm
immer rechtzeitig auf der Hut sein

Dazu kommt noch mein guter Ruf
als Vorkämpfer gegen das Unrecht
Der ist doch auch etwas wert
und der bleibt mir noch lange

Darum bin ich dem Unrecht
schon richtig ein wenig dankbar
Was finge ich ohne es an
mit dem Rest meines Lebens?

Sehnsucht nach Worten

Kommt
ihr guten
ihr wenig brauchbaren Worte

Ihr taugt zu keiner Losung
ihr schillert in keinen Farben
zu denen man sich bekennt

Ihr eignet euch für kein Kampflied
Ihr laßt euch auf keine
Fahnen schreiben

Auch nicht auf Fahnen
gegen Fahnen
von Feinden

Nichterfüllung des Kunstsolls

Was soll das
wenn etwas
nichts soll
als einfach
nichts sollen?

Fügungen

Es heißt
ein Dichter
ist einer
der Worte
zusammenfügt

Das stimmt nicht.

Ein Dichter
ist einer
den Worte
noch halbwegs
zusammenfügen

wenn er Glück hat

Wenn er Unglück hat
reißen die Worte
ihn auseinander

Mnemosyne

Den Brüdern Braunmühl und
Peter-Jürgen Boock gewidmet

Im Elend erst, nahe dem Untergang,
Findet sich wieder sie, ohne die sich
Alles verliert, die fast verlorene Sprache.

Wie aber Liebes? Und reichen auch wir schon an den
Abgrund, noch vor dem Sterben? Und schenken Halt uns
Nicht Sonnenschein und Staub der Erde?
Nämlich, wenn wir verlieren
Hier in der Heimat die Worte, die uns zuerst
Heimat bauten aus Wüste, aber die jetzt uns
Entfallen, hin zur Vernichtung, so daß uns das,
Was Wohnort war, wüster als Wüste wird . . .

Kein Hilferuf, den man hört: Babel geworden
Ist jeder unserer Türme, tödlich verwirrt die Sprache.

Aber ein Fiebertraum Hoffnung, Gedenken: Vielleicht
Wird sie wieder geboren, wenn auch mit Schmerzen,
In fruchtbaren Wehen, die könnten uns retten, denn
In ihrer Macht steht es, uns zurück in uns zu verwandeln,
In sterblich lebende Menschen, verwundbar und deutlich
Vieldeutig wieder. Und nie mehr
Nur Zeichen, deutungslos.

Hölderlin an Sinclair

Was ist geblieben?
Nichts mehr und alles. Nämlich,
Was war, das ist und wird sein,
Auch gegen sich selbst.
Zuviel aber ist umsonst,
Und was mir schien,
Scheint nicht länger.

Aber des Todes ist wenig.
Denn sind auch verheert
Die Brunnen im Land
Und abgeholzt an den Straßen
Die heiligen Bäume des Seins,
Es kann doch keinem
Auferlegt werden, alles
Mitanzusehen, daß er es ewig ertrage
Ohne Empörung, selbst um der Liebe willen.
Und ist erst entzündet
Der Mut, so wächst ihm auch Mitleid
Mit denen, die,
Gescheucht in den Schutz der Schatten,
Versäumen den eigenen Zorn.

Viel kann verstört sein,
Daß der suchende Blick es
Kaum noch erkennt.
Nicht alle Vögel, die singen,
Helfen dem Himmel. Doch wo
Gesang fehlt, dort erblindet
Der arme Gefangene.
Das letzte aber ist Leben.

Gegengewicht

Das Gedicht
wird richtiger
Die Welt
wird falscher

Ich streiche
das Unnötige
Das Nötige
wird deutlich

Die Welt streicht
das Nötige
Das Unnötige
wird verschwommen

Die Welt
macht mir Angst
Sie ist schwächer
als ein Gedicht

Fragen und Antworten

Wo sie wohnt?
Im Haus neben der Verzweiflung

Mit wem sie verwandt ist?
Mit dem Tod und der Angst

Wohin sie gehen wird
wenn sie geht?
Niemand weiß das

Von wo sie gekommen ist?
Von ganz nahe oder ganz weit

Wie lange sie bleiben wird?
Wenn du Glück hast
solange du lebst

Was sie von dir verlangt?
Nichts oder alles

Was soll das heißen?
Daß das ein und dasselbe ist

Was gibt sie dir
– oder auch mir – dafür?
Genau soviel wie sie nimmt
Sie behält nichts zurück

Hält sie dich
– oder mich – gefangen
oder gibt sie uns frei?
Es kann uns geschehen
daß sie uns die Freiheit schenkt

Frei sein von ihr
ist das gut oder schlecht?
Es ist das Ärgste
was uns zustoßen kann

Was ist sie eigentlich
und wie kann man sie definieren?
Es heißt daß Gott gesagt hat
daß er sie ist

Inschrift

Sag
in was
schneide ich
deinen Namen?

In den Himmel?
Der ist zu hoch
In die Wolken?
Die sind zu flüchtig

In den Baum
der gefällt und verbrannt wird?
Ins Wasser
das alles fortschwemmt?

In die Erde
die man zertritt
und in der nur
die Toten liegen?

Sag
in was
schneide ich
deinen Namen?

In mich
und in mich
und immer tiefer
in mich

Ein Versuch

Ich habe versucht
zu versuchen
während ich arbeiten muß
an meine Arbeit zu denken
und nicht an dich
Und ich bin glücklich
daß der Versuch
nicht geglückt ist

Was es ist

Es ist Unsinn
sagt die Vernunft
Es ist was es ist
sagt die Liebe

Es ist Unglück
sagt die Berechnung
Es ist nichts als Schmerz
sagt die Angst
Es ist aussichtslos
sagt die Einsicht
Es ist was es ist
sagt die Liebe

Es ist lächerlich
sagt der Stolz
Es ist leichtsinnig
sagt die Vorsicht
Es ist unmöglich
sagt die Erfahrung
Es ist was es ist
sagt die Liebe

Dich

Dich nicht näher denken
und dich nicht weiter denken
dich denken wo du bist
weil du dort wirklich bist

Dich nicht älter denken
und dich nicht jünger denken
nicht größer nicht kleiner
nicht hitziger und nicht kälter

Dich denken und mich nach dir sehnen
dich sehen wollen
und dich liebhaben
so wie du wirklich bist

An eine Nervensäge

Mit deinen Problemen
heißt es
bist du
eine Nervensäge

Ich liebe die Spitze
und Schneide
von jedem Zahn
dieser Säge
und ihr blankes Sägeblatt
und auch ihren runden Griff

Worte

Wenn meinen Worten die Silben ausfallen vor Müdigkeit
und auf der Schreibmaschine die dummen Fehler
beginnen
wenn ich einschlafen will
und nicht mehr wachen zur täglichen Trauer
um das was geschieht in der Welt
und was ich nicht verhindern kann

beginnt da und dort ein Wort sich zu putzen und leise zu
summen
und ein halber Gedanke kämmt sich und sucht einen
andern
der vielleicht eben noch an etwas gewürgt hat
was er nicht schlucken konnte
doch jetzt sich umsieht
und den halben Gedanken an der Hand nimmt und sagt
zu ihm:
Komm

Und dann fliegen einige von den müden Worten
und einige Tippfehler die über sich selber lachen
mit oder ohne die halben und ganzen Gedanken
aus dem Londoner Elend über Meer und Flachland und
Berge
immer wieder hinüber zur selben Stelle

Und morgens wenn du die Stufen hinuntergehst durch
den Garten
und stehenbleibst und aufmerksam wirst und hinsiehst
kannst du sie sitzen sehen oder auch flattern hören
ein wenig verfroren und vielleicht noch ein wenig verloren
und immer ganz dumm vor Glück daß sie wirklich bei dir
sind

Aber wieder

Aber
du bist wiedergekommen
Du
bist wieder
gekommen

Du
du bist
du bist wieder
Ich bin wieder
weil du bist

Du bist gekommen
du
wieder
und immer wieder
wieder du

Du
du
du und ich
immer wieder
und wieder

Vorübungen für ein Wunder

Vor dem leeren Baugrund
mit geschlossenen Augen warten
bis das alte Haus
wieder dasteht und offen ist

Die stillstehende Uhr
so lange ansehen
bis der Sekundenzeiger
sich wieder bewegt

An dich denken
bis die Liebe
zu dir
wieder glücklich sein darf

Das Wiedererwecken
von Toten
ist dann
ganz einfach

Nachhall

Nun lebe ich
nicht mehr
nur einmal
Alles hallt nach

Mein Schritt hallt nach
das Klingeln im Telefon
jedes Wort
von dir
und von mir
das Auflegen deines Hörers
und das Auflegen meines Hörers
hallt nach

Das Nachdenken
wie ich
dich
zuerst sah
hallt nach

Das Aufsetzen
meines Stockes
der mir Halt gibt
hallt nach

Und alles
was ich
von diesem Nachhallen
sage
hallt nach
hallt nach

Nun lebe ich
nicht mehr
nur einmal

Am Rande des Lebens
Gedichte über Alter und Vergänglichkeit

Vorabend

Zerbrochene Kiesel der Tage
unter den Bäumen der Nacht
Aber die Tiere des Abends irren und rufen
Arme Tiere meines längerwerdenden Abends
Ich will sie streicheln
aber sie sind scheu

Tod und Leben schaukeln auf gleichen Schalen
Das Älterwerden ist ein Wind an der Waage
eine müde Fliege
die summt durch die Netze des Südens:
»Zieh deine Summe
Nutze die nutzlose Zeit

Benetze die Zunge die dir im Mund verdorrt
Geh drei Schritt zurück und warte auf des
Züngleins Wort«
Nur die unnützen Fliegen
summen und schwirren

nur die Tiere des Abends rufen und irren
unter den Bäumen der Nacht
bei den Kieseln der Tage
auf der Waage
zwischen Leben und Tod

Bevor ich sterbe

Noch einmal sprechen
von der Wärme des Lebens
damit doch einige wissen:
Es ist nicht warm
aber es könnte warm sein

Bevor ich sterbe
noch einmal sprechen
von Liebe
damit doch einige sagen:
Das gab es
das muß es geben

Noch einmal sprechen
vom Glück der Hoffnung auf Glück
damit doch einige fragen:
Was war das
wann kommt es wieder?

Zu guter Letzt

Als Kind wußte ich:
Jeder Schmetterling
den ich rette
jede Schnecke
und jede Spinne
und jede Mücke
jeder Ohrwurm
und jeder Regenwurm
wird kommen und weinen
wenn ich begraben werde

Einmal von mir gerettet
muß keines mehr sterben
Alle werden sie kommen
zu meinem Begräbnis

Als ich dann groß wurde
erkannte ich:
Das ist ein Unsinn
Keines wird kommen
ich überlebe sie alle

Jetzt im Alter
frage ich: Wenn ich sie aber
rette bis ganz zuletzt
kommen doch vielleicht zwei oder drei?

Nichts von dem was mir gehört gehört mir

Nichts gehört mir
nicht die Bücher die mich beschweren
nicht die Papiere in allen Laden und Fächern
nicht die traurigen Andenken
nicht der elende Kram der mein Haus füllt
nicht die Mutter die glaubt daß ich ihr gehöre
auch nicht das Zanken der Frau
über den elenden Kram
auch nicht die Frau
auch nicht die Kinder
auch nicht das Haus

Und ich gehöre nicht ihnen
nicht meinen Kindern
nicht meinem Haus
nicht dem Zanken der Mutter über die Frau
auch nicht dem Zanken der Frau
über den Kram der das Haus füllt
aber vielleicht
den Büchern die mich beschweren
und den Papieren in allen Laden und Fächern
und den traurigen Andenken
und dem elenden Kram

Nativitas mortis

Es gibt Menschen
die sind nur
die Schutzhülle
ihres Todes

Wenn sie sich abwetzt
und reißt
versucht er
sie von innen zu flicken

Wenn das nicht mehr geht
tritt er aus ihnen hervor
und schüttelt sich frei von ihnen
wie ein Küken von seinen Eischalen
und streift ihre Reste ab
wie ein Küken die Eischalen abwirft

Von da an ist er
nur auf sich selbst angewiesen

Nacht in London

Die Hände
vor das Gesicht halten
und die Augen
nicht mehr aufmachen
nur eine Landschaft sehen
Berge und Bach
und auf der Wiese zwei Tiere
braun am hellgrünen Hang
hinauf zum dunkleren Wald

Und das gemähte Gras
zu riechen beginnen
und oben über den Fichten
in langsamen Kreisen ein Vogel
klein und schwarz
gegen das Himmelblau

Und alles
ganz still
und so schön
daß man weiß
das Leben lohnt sich
weil man glauben kann
daß es das wirklich gibt

Lebenslauf

Ich war kein Stein keine Wolke
keine Glocke und keine Laute
geschlagen von einem Engel oder von einem Teufel
Ich war von Anfang an nichts als ein Mensch
und ich will auch nicht etwas anderes sein

Als Mensch bin ich aufgewachsen
und habe Unrecht erlitten
und manchmal Unrecht getan
und manchmal Gutes

Als Mensch empöre ich mich
gegen Unrecht und freue mich
über jeden Schimmer von Hoffnung
Als Mensch bin ich wach und müde
und arbeite und habe Sorgen
und Hunger nach Verstehen
und nach Verstandenwerden

Als Mensch habe ich Freude an meinen Freunden
und habe Freude an Frau und Kindern und Enkeln
und habe Angst um sie und Sehnsucht nach Sicherheit
und will mit Menschen sein und manchmal allein sein
und bedauere jede Nacht ohne Liebe

Als Mensch bin ich krank und alt
und werde sterben
und werde kein Stein sein
keine Wolke und keine Glocke
sondern Erde oder Asche
und darauf kommt es nicht an

Textnachweise

Die Zeit der Steine aus: Reich der Steine. Zyklische Gedichte. Hamburg: Claassen, 1963. [2]1984. – © 1984 Claassen Verlag GmbH, Düsseldorf.

Gegengewicht aus: Warngedichte. München: Hanser, 1964. – © 1964 Carl Hanser Verlag GmbH, München.

Der Freiwillige, *Einbürgerung* aus: und Vietnam und. Berlin: Wagenbach, 1966. – © 1966 Verlag Klaus Wagenbach GmbH, Berlin.

Alter Schulweg, *Heimkehr*, *Erhaltung der Materie*, *Humorlos*, *Artfremd*, *Im Frieden* aus: Anfechtungen. Fünfzig Gedichte. Berlin: Wagenbach, 1967. – © 1967 Verlag Klaus Wagenbach GmbH, Berlin.

Die Maßnahmen aus: Befreiung von der Flucht. Gedichte und Gegengedichte. Hamburg: Claassen, 1968. – © 1968 Claassen Verlag GmbH, Düsseldorf.

Deckung aus: Unter Nebenfeinden. Fünfzig Gedichte. Berlin Wagenbach, 1970. – © 1970 Verlag Klaus Wagenbach GmbH, Berlin.

Befreiung von den großen Vorbildern, *Eigentlich keine Art*, *De Augenblick des Opfers*, *Die Freiheit den Mund aufzumachen*, *Neu Naturdichtung*, *Die mit der Sprache* aus: Die Freiheit den Mund auf zumachen. Achtundvierzig Gedichte. Berlin: Wagenbach, 1972. - © 1972 Verlag Klaus Wagenbach GmbH, Berlin.

Fast alles, *Angst und Zweifel*, *Nichterfüllung des Kunstsolls* aus Gegengift. 49 Gedichte und ein Zyklus. Berlin: Wagenbach, 1974. - © 1974 Verlag Klaus Wagenbach GmbH, Berlin.

Hölderlin an Sinclair, *Vorabend* aus: Die bunten Getüme. Siebzi Gedichte. Berlin: Wagenbach, 1977. – © 1977 Verlag Klaus Wager bach GmbH, Berlin.

Die Nichtnure, *Dich*, *Worte*, *Aber wieder*, *Vorübungen für ein Wur der*, *Nachhall*, *Nichts von dem was mir gehört gehört mir* aus: Liebes gedichte. Berlin: Wagenbach, 1979. – © 1979 Verlag Klaus Wagenbac GmbH, Berlin.

Der Überlebende, *Die Gleichungen*, *Wohin?*, *Zusätzliche Bedingun Status quo*, *Sehnsucht nach Worten*, *Fügungen*, *Inschrift*, *Bevor ic sterbe* aus: Lebensschatten. Gedichte. Berlin: Wagenbach, 1981. © 1981 Verlag Klaus Wagenbach GmbH, Berlin.

Abhärtung, Rückwärtsgewandte Utopie aus: Zur Zeit und zur Unzeit. Gedichte. Köln: Bund Verlag, 1981. – © 1981 Bund Verlag, Köln.

Leben oder Leben?, Kleines Beispiel, Verschlechterung aus: Das Nahe suchen. Gedichte. Berlin: Wagenbach, 1982. – © 1982 Verlag Klaus Wagenbach GmbH, Berlin.

Gedichte lesen, Lebensaufgabe, Fragen und Antworten, Was es ist, An eine Nervensäge, Zu guter Letzt, Nacht in London aus: Es ist was es ist. Gedichte. Berlin: Wagenbach, 1983. – © 1983 Verlag Klaus Wagenbach GmbH, Berlin.

Herrschaftsfreiheit, Friedensbereitschaft aus: Beunruhigungen. Gedichte. Berlin: Wagenbach, 1984. – © 1984 Verlag Klaus Wagenbach GmbH, Berlin.

Wiederholung, Die Warner, Kein Unterschlupf, Fragen in Israel, ... um Klarheit ..., Ein Versuch aus: Um Klarheit. Gedichte gegen das Vergessen. Berlin: Wagenbach, 1985. – © 1985 Verlag Klaus Wagenbach GmbH, Berlin.

Begräbnis meines Vaters aus: Frühe Gedichte. Düsseldorf: Claassen, 1986. [Zuerst in: Österreich. Gedichte. London/Zürich 1945.] – © 1986 Claassen Verlag GmbH, Düsseldorf.

Um Schönheit, Mnemosyne, Nativitas mortis aus: Am Rand unserer Lebenszeit. Gedichte. Berlin: Wagenbach, 1987. – © 1987 Verlag Klaus Wagenbach GmbH, Berlin.

Du liebe Zeit, Lebenslauf aus: Unverwundenes. Liebe, Trauer, Widersprüche. Berlin: Wagenbach, 1988. – © 1988 Verlag Klaus Wagenbach GmbH, Berlin.

Wo lernen wir?, Aus der Weisheit der Schlächter aus: Einbruch der Wirklichkeit. Gedichte aus dem Nachlaß bei Lebzeiten. Hrsg. von Volker Kaukoreit. Berlin: Wagenbach, 1991. – © 1991 Verlag Klaus Wagenbach GmbH, Berlin.

Nachwort

Verwundbar und deutlich: Erich Fried

Auch wenn Erich Frieds Lyrik keine Ausdrucksdichtung im klassischen Sinne ist, sondern dieser gerade widerspricht, sind doch viele Motive seines poetischen Engagements, ist die Signatur seiner Dichtung untrennbar mit dem Lebensstoff verbunden. Fried wurde am 6. Mai 1921 in Wien geboren. Über seine Kindheit hat er mehrfach berichtet; er war früh entwickelt, trat schon 1927 mit großer Wirkung als Kinderschauspieler auf, schrieb ab 1930 Aufsätze und Gedichte, die vor allem durch die politischen Ereignisse provoziert waren. Dazu gehören das Erlebnis der Juli-Demonstrationen 1927 und das Niederschießen von Arbeitern, die entschiedene Ausgrenzung als Jude (auch und gerade in der Schule) seit 1934, die Gründung einer kleinen Widerstandsgruppe. Nach dem Hitler-Einmarsch in Österreich 1938 werden die Eltern verhaftet, der Vater stirbt an den Gestapo-Mißhandlungen. Ihm gelingt die Emigration nach London, in ein durchaus unfreundliches Exil, auch wenn es anfangs persönliche Unterstützung gab. Er verdient ein mühsames Geld (u. a. durch illegale Abbrucharbeiten, später als Glasarbeiter) und kann seine Mutter und etwa weitere siebzig Emigranten mit käuflichen »Vor-Visa« nach London kommen lassen. Später arbeitete Fried (bis 1968) für den britischen Rundfunk BBC. Er schloß sich der kommunistisch orientierten Emigranten-Jugendgruppe »Young Austria« an, trat 1943 aus Widerwillen gegen den dogmatischen Kurs, der u. a. den Selbstmord seines Freundes Hans Schmeier provoziert hatte, wieder aus. Zu den wichtigen Kontakten in dieser Zeit gehörten z. B. Theodor Kramer, Elias Canetti, Werner Milch und Joseph Kalmer; vor allem wichtig waren die nicht ›gesäuberten‹ Flüchtlingsbibliotheken.

Im Dauerexil

Die frühen Gedichte Frieds sind durchaus noch konventionell in Form, Ton und Bildwahl. Die Begegnung mit dem literarischen Barock und der englischen Lyrik, die Rezeption Rilkes, Kafkas, der frühen Moderne führen Fried zum eigenen Ansatz des »ernsten Wortspiels«, das für ihn auch eine ›Lyrik nach Auschwitz‹ möglich macht, das den (Sprach-)Bedingungen nachfragt, unter denen Menschen ihr Fühlen und Denken fremdbestimmen lassen.

Fried kehrte 1945 nicht nach Österreich zurück, auch später gab es keinen Grund dafür, wie das Gedicht »Heimkehr« (S. 9) bezeugt. Den Entwicklungen in der Bundesrepublik Deutschland folgte er immer engagierter, 1958 und 1960 kamen seine ersten Bücher dort heraus, eine Sammlung *Gedichte* und der Roman *Ein Soldat und ein Mädchen*. Wirklich bekannt wurde er mit dem Gedichtband *und Vietnam und* (1966), der auf die Studentendemonstrationen gegen den Vietnamkrieg der USA traf und Fried eine Sprecherrolle zuwachsen ließ, die er durchaus politisch interpretierte und annahm: »Viele dieser Gedichte, und Texte aus folgenden Gedichtbänden, wurden als Flugblätter, in Schülerzeitungen, Veranstaltungsprogrammen nachgedruckt oder als Liedertexte verwendet« (1968). Das hat seinen Namen fest mit dem Paradigma ›politische Lyrik‹ verknüpft. Auch daß später vor allem Liebesgedichte folgten, hat daran wenig geändert. Seine Vietnam-Gedichte wollte er »dem Kampf gegen den Vietnamkrieg und gegen die Entfremdungen, die ihn fördern«, gewidmet wissen.

Dieser Zusatz ist wichtig, deutet auf ein poetologisches Programm, einen ›operativen‹ Ansatz, die mit den alten Entgegensetzungen von Ausdruck (»reine Dichtung«) und Deklamation (»politische Dichtung«) nicht mehr zu fassen sind. Fried blieb, in dritter Ehe mit einer Engländerin, Catherine Boswell, verheiratet, im ›Dauerexil‹

London, publizierte seit den spätsechziger Jahren fast jährlich einen Gedichtband im Wagenbach-Verlag, wovon manche, etwa die *Liebesgedichte* (1979), große Erfolge wurden. Mit über 400 000 verkauften Gedichtbänden dürfte er der gelesenste zeitgenössische Lyriker sein. Ausgedehnte Lesereisen schufen ihm ein anhängliches Publikum. Die kleine Prosa und die Shakespeare-Übersetzungen gehören zentral zu seinem Werk. Er starb am 22. November 1988 einen lange hinausgezögerten Krebstod, sein Nachlaß wird von der Wiener Nationalbibliothek betreut.

Gegengedichte, Grotesken, Warngedichte

Befreiung von der Flucht hat Erich Fried die Neuausgabe seiner *Gedichte* 1968 genannt, worin er viele seiner frühen Gedichte mit »Gegengedichten« versehen hat. Beide Termini bedeuten eine These, ein Programm: die neuere deutsche Lyrik sieht Fried – wie Rühmkorf und Enzensberger – als Flucht aus der Wirklichkeit, und er kritisiert nun (auch seine eigenen unbedachten) Anschlüsse an die Volkslied- oder Romantiktradition: als ob durch den Holocaust, die Verwüstung der Städte, die Atomwaffendrohung nicht alles anders geworden sei, auch für Thema und Ton der Gedichte.
Ein Beispiel: Frieds Gedicht *Nachher* (1958) stellt die Nachkriegssituation bitter genug aus, mischt freilich in den Direktton (verbrannte Städte) naturlyrische Motive (der Wind als Subjekt), die ins Mythische (der Baum-Liebste) und Groteske (sonderbare Geburten) gesteigert werden. Am Schluß steht der Sieg der Natur: »Und grün wird alles ...« Die ersten beiden Strophen lauten:

> Dann kommen die Mädchen
> aus den verbrannten Städten
> in ihre Kleider
> teilt sich der Wind mit den Hecken

Und manche nimmt einen Baum zum Liebsten
und manche ein Tier
sonderbare Geburten
werden geschlachtet

Das Gegengedicht heißt *Oder weiterleben*, und es streicht das Trostbild der Schlußstrophe (»die Wälder reichen / wieder hinab zum Meer«) durch, indem es, unter dem Eindruck des Vietnamkriegs und der Atomdrohung, die poetischen Grotesken von den Bildern der Wirklichkeit überbieten läßt:

Vielleicht ist das alles anders:
Sie bleiben hocken
mit geschmolzenen Augäpfeln
in den Resten der Städte

und vergessen was Liebe ist
und scharren nach Fraß
unter den Vorräten
der verfaulenden Leichen

Von solchen Bildeindrücken führt kein Weg zurück zur konventionellen Lyrik. Fried bildet das ab, indem er – in diesem Zusammenhang – das lyrische Ich zurücktreten läßt. *Leben oder Leben?* (S. 11) setzt den Erfahrungsschnitt beim Holocaust an, der systematischen Fremderklärung und Ausrottung aller für ›anders‹ Erklärten, vornehmlich der Juden. Vom Leben davor weiß das Ich nicht mehr viel: »Irgendwo / lebt es noch / bis es stirbt«. Das Leben danach ist vom »Haß gegen das Sterben« bestimmt, und das Ich weiß, daß dies nicht »das« Leben sein kann. Der Text ist dem Ich überlegen, führt den Haß gegen das Sterben ins Engagement für eine menschliche Zukunft hinüber und läßt dann die zweite Strophe wie die erste enden, so daß zweierlei Leben doch wieder eines wird.
Viele Gedichte von Erich Fried arbeiten mit dem Paradox, brüskieren die Erwartungen des Lesers. Das Para-

dox ist, so Goethe, dem Geist des Widerspruchs verschwistert; für Fried ist wichtig, daß es den Anschein von Lösungen negiert, wo diese nicht wirklich in Sicht sind. Seine *Warngedichte* (1964) arbeiten das auch formal aus. Das Gedicht *Ausweg* z. B. ist als Paradox gebaut, benutzt zugleich die zyklische Form (wenn Anfangs- und Schlußzeile identisch sind, spricht man vom ›Kyklos‹), eine Formgestalt, die eben nicht offen ist, sondern den Weg aus dem Gedicht heraus versperrt:

Es muß einen Ausweg geben
aus jenem Aberglauben
der immer meint
es muß einen Ausweg geben

Viele der aphoristischen Gedichte, die man wegen ihrer Kürze auch lakonische Gedichte nennt, arbeiten mit solchen aus der rhetorischen Tradition bekannten Figuren. Die Überkreuzstellung von Wortgruppen, der ›Chiasmus‹, spielt dabei eine wichtige Rolle – die Verkehrung von Bedeutungen kann, so ist das Zutrauen, diese und jene Verkehrtheit vielleicht zurechtrücken. – Warngedichte wollen als Übertreibungen genommen sein, hoffen stets darauf, widerlegt zu werden. Frieds Lyrik ist vom Zutrauen beseelt, daß dies letztlich möglich sei. Seine Sarkasmen und Ironien sind so eher als Warnung vor Verhärtung gemeint, als daß sie dieser nachgeben.

Antwort

Zu den Steinen
hat einer gesagt:
seid menschlich

Die Steine haben gesagt:
wir sind noch nicht
hart genug

Leben lernen – Lyrik nach Auschwitz

Die Frage, ob nach Auschwitz noch Gedichte möglich seien, eine Diskussion, die mit den Namen Adorno und Celan verknüpft ist, wird von Fried ins Paradox des Überlebens hinübergeführt und damit der Diskussion entzogen: »Wünscht mir nicht Glück / zu diesem Glück / daß ich lebe«. Die zentrale Formel »Schuld der Unschuld« arbeitet mit dem Paradox im Sinne des Novalis: als einer Formel, die schlechterdings keinen Frieden läßt, die immer anzieht und abstößt, immer von neuem unverständlich wird, so oft man sie auch schon verstanden hat. In einem Text mit dem Titel »Meine Toten« reflektiert der 24jährige Fried auf sein Überleben: »Ich weiss nicht, wer tot ist, aber ich weiss, dass die Mehrzahl tot ist. Darum bin ich zu reich an Toten. Zu reich. [...] Ich will ihnen mit Worten ein Denkmal setzen, weil ich nur wenige Gräber kenne und die meisten nie kennen werde. Ich will nicht mit meinen Toten leben ...« Die Formel *Lebensschatten*, Titel des Gedichtbandes von 1981, hält fest, daß dieser Vorsatz (»die Welt ist für die Lebenden da«) nicht ganz glücken kann. Der Band endet denn auch mit dem Gedicht *Ein schlechter Schüler*:

Das Leben
hat mich gelehrt
daß ich es
nicht verstehe
und nichts von ihm
lernen kann
und lernen will
am allerwenigsten
mich selbst
und den Tod
zu verstehen

Die Konsequenz, die Fried aus der Situation zieht, »nach Auschwitz« zu leben und zu dichten, ist mit seiner Titel-Formel *Gegen das Vergessen* (1987) bezeichnet. In der Lyrik tritt das als Engagement hervor, und zwar als eines, man muß es betonen, das sich gerade nicht nur inhaltlich durchsetzt. Das Gedicht *Wiederholung* (S. 10) arbeitet die Verwirrung angesichts der Zukunft des Vergangenen mit verwirrenden Wiederholungsfiguren heraus, wobei auch der Chiasmus eine Rolle spielt: noch immer / schon wieder – schon wieder / noch immer. »Wo lernen wir leben?« fragt Fried und setzt sofort hinzu, daß es nicht darum gehen kann, »nur Erlerntes zu leben« (S. 13). Es ist diese Haltung, die ihm ein so großes Publikum unter Jugendlichen verschafft hat. Die Absage an das »Nur« trägt auch sein politisches Engagement: »Erst auf der anderen Seite der Nure / beginnt das Leben« (S. 19).

Engagement und Formkritik

Daß Erich Fried zunehmend ›ausfälliger‹ wurde, ist nicht seine Wahl gewesen. In der Elegie des Jahrhunderts, in Brechts *An die Nachgeborenen*, heißt es:

> Dabei wissen wir doch:
> Auch der Haß gegen die Niedrigkeit
> Verzerrt die Züge.
> Auch der Zorn über das Unrecht
> Macht die Stimme heiser. Ach, wir
> Die wir den Boden bereiten wollten für
> Freundlichkeit
> Konnten selber nicht freundlich sein.

Frieds Haltung ist weniger streng: er mißtraute jeden Engagement, das für sich aus ideologischen Gründe Unfreundlichkeit in Anspruch nahm. Sein Band *Unte Nebenfeinden* (1970) ironisierte den erbitterten Kamp der Linien um den rechten linken Glauben und erklärt

jedes orthodoxe Programm für barbarisch. »Das letzte aber ist Leben«, heißt es in einem der großen an Hölderlin angelehnten Texte (vgl. S. 50).
Das Gedicht *Nebensache*, das den Band für die Anti-Abweichler eröffnet, beginnt:

> Beschäftigt mit meinem Kampf
> gegen den Hauptfeind
> wurde ich von meinem Nebenfeind
> erschossen
>
> nicht von hinten und heimtückisch
> wie seine Hauptfeinde sagen
> sondern nur von der Seite
> auf der er schon lange stand

Entsprechend seinem politischen Engagement für »das Leben« gibt es vergleichsweise wenig Agitpropgedichte von Erich Fried. Was ganz fehlt, ist der Verkündigungsgestus. Kennzeichnend ist der Duktus des Gedichts *Herrschaftsfreiheit* (S. 25): es geht von einer Redeform aus, die als Irrtum oder auch Lüge fraglich gemacht wird. Danach erst kommt die Losung (»Freiheit herrscht nicht«), die jetzt auf Nachdenklichkeit rechnet – und auf ein kritisches Sprachbewußtsein.
Der Band *und Vietnam und* (1966) setzt Fried als politischen Dichter in der Öffentlichkeit durch, er wird durchaus zu einer Leitfigur der außerparlamentarischen Opposition jener Jahre und nimmt diese Rolle auch an. Die Gedichte hingegen ›dröhnen‹ nicht, sind auch keineswegs, wie Biermann fand, »Gedachte«, sondern bleiben jeweils der Sprache und den Formen, mit denen unser Wirklichkeitsverständnis manipuliert wird, auf der Spur. Das trifft auf die vielbeschworene Opferbereitschaft zu (S. 30), auf die »Freiheit den Mund aufzumachen« (S. 31), die Freiwilligkeit des Kriegsdienstes (S. 33); aber auch noch auf so heikle Themen wie den Übergang der radikalen Linken zum Terrorismus:

Frieds Gedicht *Verschlechterung* (S. 37) ist als ›Anadiplose‹ gebaut, eine Verkettungstechnik, wo das letzte Glied einer Wortgruppe zu Beginn der nächsten wiederholt wird. Diese Form stellt einen Zwang aus, der einige vom »Singen« zum »Töten« führte, einen Zwang, der, wie Frieds Lyrik überall zeigt, von der Rückbesinnung auf das Subjekt und der Anerkennung seiner Ansprüche her gewiß zu brechen gewesen wäre. Gegen eine verengende Parteilichkeit wenden sich auch Frieds *Fragen in Israel* (S. 38), die ihm nicht nur Freunde gemacht haben.

Dichter der Sprachwirklichkeit

Frieds Sprachspiele und Formfiguren gehen von der Einsicht aus, daß ein bloß inhaltliches Engagement nichts austrägt, jedenfalls keine politische Arbeit für den Künstler darstellt. Sein dichterisches Werk versucht, kritisch den Weisen nachzufragen, unter denen unsere Erfahrung gebildet und gutteils geformt wird. Auch die traditionelle Forderung, die Kunst habe funktionsfrei zu sein, gehört dazu. Gegen die Autonomie-Ästhetik setzt Fried einen kleinen Text (und sein gesamtes Œuvre): *Nichterfüllung des Kunstsolls* (S. 47), darin das Sollen sich totläuft, seine blinde Mehrfachsetzung (Tautologie) nichts als Leere anzeigt. Der klassische Glaube an die Verheißung einer ästhetischen Erziehung, derzufolge es »die Schönheit ist durch welche man zu der Freiheit wandert« (Schiller), ist nach 1945 (spätestens) gründlich desavouiert. Die literarische Moderne setzt die Erfahrung auch der geistigen Fremdbestimmung voraus. »Die Gedanken sind frei« ist ein Lied aus verschollenen Zeiten; sie sind es jedenfalls nicht selbstverständlich. Was man als ›Ideologisierung des Bewußtseins‹ beschrieben hat, die Besetzung auch tieferer Schichten des Selbst mit Inhalten und Strebungen, die nicht das eigene Interesse ausdrücken, weckt, al

moderne Erfahrung, eine neue Aufmerksamkeit für die Bedeutung der Form.
Dabei geht Fried nicht so sehr vom alten Formenkanon aus, sondern entwickelt vielfältig neue Gedichtmuster, die weitgehend von rhetorischen Figuren inspiriert sind. Seine lyrische Arbeit ließe sich formal denn auch als »Versöhnung von Rhetorik und Poesie« beschreiben. Dabei stand die anglo-amerikanische Lyriktradition gewiß Pate: die strenge Trennung dieser beiden Redeformen war eine deutsche Eigentümlichkeit. Zugleich tritt die weitreichende Einsicht hinzu, daß unsere Wirklichkeit zunehmend sprachlich verfaßt ist, uns als Sprache gegenübertritt, textuell interpretierbar ist. Eine Lyrik, die darauf achtet und sich als EinSpruch, WiderSpruch, ZuSpruch darstellt (wie bei Brecht, Enzensberger, Rühmkorf und Fried), trifft eher auf Wirklichkeit als jede Parteiparole, vgl. die *Sehnsucht nach Worten* (S. 47). Immer wieder brechen Frieds Gedichte die Sprechmuster, unter denen uns die Wirklichkeit begegnet, wiederholend auf und brechen so, auf dem Dialog bestehend, deren Bann. *Fügungen* (S. 48) hat er das genannt und das Subjekt keineswegs als Herrscher der Sprache eingesetzt, ist es doch selbst gutteils sprachlich verfaßt, vermittelt.
Die Liebesgedichte gewinnen ihre Intensität vor allem daher (»mit geschlossenen Augen warten«, S. 58) und gehen zugleich von der Gewißheit aus, daß es mehr gibt, als die Sprache uns vermitteln kann. Fried faßt das in der Form der Tautologie, die nun nicht mehr als Fehler, als Ausdrucksarmut oder Leere erscheint, sondern als Weigerung, alles in Sprache zu übersetzen. So kann es vor Einsprüchen bewahrt bleiben: »Es ist was es ist / sagt die Liebe« (S. 55). Auch das Gedicht *Dich* (S. 56) ist so gebaut. Man kann diesen Formzug durchaus mit Frieds Bekenntnis zur Wörtlichkeit zusammendenken, mit der Absage ans Bild, an die Metapher, das Über-Setzen aus der Sprache hinweg, wie es die traditionelle Lyrik (»Du bist wie eine Blume«) weithin charakterisiert. Sein Ge-

dicht *Lebenslauf* (S. 67), angesichts des nahen Todes geschrieben, ist ein Nachruf in der Gegenwartsform, im Präsens. Doch das gilt nicht für den Anfang und den Schluß, die Imperfekt und Futur gebrauchen, beide Male in der Absage an den poetischen Duktus der Übersetzung: »Ich war kein Stein keine Wolke / keine Glocke und keine Laute« // »und werde kein Stein sein / keine Wolke und keine Glocke«. Diese Absage an eine altertümliche Bildpraxis ist Konsequenz, wenn man so will, einer poetischen Moral, geprägt durch das Geltenlassen des Anderen, was ihn zum engagierten Humanisten, politischen Moralisten, zu einem großen Liebenden, einem hervorragenden Übersetzer und – zu einem der wenigen wirklich konsequent modernen Dichter machte.